同济大学本科教材出版基金资助
同济大学交通运输工程实验教学示范中心

道路工程实验

教学指导手册

(2019 年版)

李淑明　编

小组编号：______________________________

小组成员：______________________________

同济大学出版社
TONGJI UNIVERSITY PRESS

内 容 提 要

本手册是“道路工程实验”这门课的配套用书。第一部分为实验说明，本手册并未罗列出完成设计所需的实验项目，而仅列出了课程的详细要求、考核方式和实验注意事项等内容，便于同学们随时查阅。第二部分为实验记录用纸，按照试验记录的基本要求进行设计，有助于培养同学们规范、严谨的实验记录习惯。本手册的目的是使同学们在学习过程中，其实验设计能力和实验实施能力可以得到最大程度的锻炼，因此需要同学们自行阅读规范中的相关条文，然后设计、安排和实施实验。

本书的读者对象为学习了建筑材料的相关知识的土木工程或道路工程的本科生。拟开设建筑材料综合型实验的独立实验课程的教师也可以参考本书。

图书在版编目(CIP)数据

道路工程实验教学指导手册：2019 年版 / 李淑明编
. —上海：同济大学出版社，2020. 2
ISBN 978-7-5608-9137-8

Ⅰ. ①道… Ⅱ. ①李… Ⅲ. ①道路试验–高等学校–教学参考资料 Ⅳ. ①U416.03

中国版本图书馆 CIP 数据核字(2020)第 028526 号

道路工程实验教学指导手册(2019 年版)

李淑明 **编**

责任编辑 陆克丽霞 **责任校对** 徐春莲 **封面设计** 陈益平

出版发行 同济大学出版社 www.tongjipress.com.cn
(地址：上海市四平路 1239 号 邮编：200092 电话：021-65985622)
经　销 全国各地新华书店
排　版 南京文脉图文设计制作有限公司
印　刷 常熟市大宏印刷有限公司
开　本 889 mm×1194 mm 1/16
印　张 4
字　数 128 000
版　次 2020 年 2 月第 1 版 2020 年 2 月第 1 次印刷
书　号 ISBN 978-7-5608-9137-8

定　价 20.00 元

实 验 说 明

1 实验目的

掌握道路工程特有材料——沥青玛蹄脂碎石混合料(Stone Matrix Asphalt, SMA)的目标配合比设计方法。

2 课程要求

实验室准备了改性沥青、石灰石矿粉和 4 档石料。其中,4 档石料分别为:10～15 mm辉绿岩(1#),5～10 mm 辉绿岩(2#),3～5 mm 辉绿岩(3#),0～5 mm 石灰岩(4#)。

根据上述原材料设计出能用于高速公路的 SMA。

3 实验基本要求

(1) 掌握 SMA 的技术要求;

(2) 熟悉配合比设计所需的各类实验;

(3) 能正确表达实验数据;

(4) 能合理安排多项实验。

4 学习方式

小组实验:3～4 人为一组,自己申请实验时间,各项实验主要在课外完成,并及时整理好相关数据,最终得到 SMA 的目标配合比并完成设计报告。一组内最多两名女同学,有女同学的小组方可为 4 人。

具体的实验进度安排如表 1 所示。

表 1　　实验进度安排

进度安排	时间	要求
分组	第一周	3～4 人为一组，明确小组长
学习相关资料	第一周	(1) 分组学习； (2) 提交实验项目清单及进度安排，需注明周组长和小组长
协调实验时间	第一周	(1) 讨论并修改实验项目清单； (2) 协调实验时间； (3) 进入实验室，开始各项实验
开放实验	第二周	(1) 在规定的时间内提交上一周实验记录周记的照片。如有实验数据，则还需要提交数据的 Excel 文件（注意：每组最终只形成一个 Excel 文件，将每周的数据汇总在该文件中。若不按要求操作，将作扣分处理）； (2) 小组成员轮流担任周组长，周组长要及时提交每周的实验记录周记的照片
	第三周	(1) 阶段交流； (2) 了解下一阶段实验的注意事项
	第四～八周	继续完成各类测试
提交各项文件	第九周	(1) 在规定时间内，组员提交个人实验报告电子版，组长额外提交本组的汇报 PPT； (2) 随堂测验； (3) 按照提交的电子版实验报告进行小组汇报（注意：将随机安排每组和个人的汇报顺序）； (4) 提交本实验指导手册

5　成绩组成

本次 SMA 目标配合比设计实验的成绩由 4 部分组成，其占比分别为：小组实验计划（20%），实验记录周记（20%），组员个人实验报告（30%），小组实验汇报（20%），随堂测验（10%）。

6　评分标准

6.1　小组的实验计划

(1) 100 分：实验计划内容无缺失，计划翔实，工作分配合理。

(2) 60 分：实验计划缺失部分重要内容，对于某些关键步骤缺少计划。

(3) 20 分:实验计划缺少多数内容,简单粗糙。

6.2 实验记录周记

(1) 100 分:实验记录表明周组长观察到影响小组的情况并监测团队的进展;确保组员取得一定的进步;给予组员明确、及时以及建设性的反馈;无缺失条目。

(2) 60 分:实验记录表明周组长注意到影响小组成功的变化;知道小组中的每位组员应该做什么,并注意到相关问题;当小组的实验整体进展遇到障碍时能及时提醒组员或给出解决方案;条目缺失 4 条。

(3) 20 分:周组长不知道小组是否在逐步达成目标;不关心组员的进步;回避讨论小组的问题,即使这些问题已经很明显;条目缺失 5 条及以上。

6.3 组员个人实验报告

(1) 100 分:实验报告语句通顺、简明扼要,数据翔实,数据的表达正确,设计的材料满足国家标准。

(2) 60 分:实验报告语句基本通顺,数据有少量缺失,数据的表达正确,设计材料的个别关键指标不符合国家标准。

(3) 20 分:实验报告语句不通,数据有大量缺失,多处数据表达错误,设计材料的多数关键指标均不符合国家标准。

6.4 小组实验汇报

(1) 100 分:小组实验汇报 PPT 简明扼要,汇报者口齿清晰,条理分明,重点突出,PPT 内容或语言表述上无明显错误。

(2) 60 分:小组实验汇报 PPT 略显冗长,汇报者对内容不够熟悉,偶尔会看着提示文本进行阅读,PPT 内容或语言表述上存在 4 处以下错误。

(3) 20 分:小组实验汇报 PPT 连篇累牍,汇报者汇报时记不住内容,多次看着提示文本进行阅读,且 PPT 内容或语言表述上存在 4 处以上错误。

7 注意事项

7.1 每周的任务

在完成 SMA 目标配合比设计实验的过程中,小组成员需要合理分配工作,轮流做周组长。每周由该周的周组长负责监督本周的工作并将实验内容和相关数据记录在本指导手册上,然后在规定时间内提交本周的原始记录(以照片方式)和整理后的实验数据文件(Excel 文件)。(注意:各周的数据需整理在同一个 Excel 文件中,并以“第 X 组”作为文件名。)一个小组只提交一个 Excel 文件。实验记录周记的照片和 Excel 文件请发送至邮箱:lilylsm@163.com。提交时间:______________________________。

7.2 实验记录周记

周组长负责的实验记录周记主要是事实性的条目式记录。每次实验不可缺失的条目内容包括:开始时间、结束时间、地点、室温/水温、参加人员、工作内容、主要步骤、原始数据和异常情况。如果本周实验数据存在不合理之处,还需要指出导致数据不合理的原因并提出后续改进措施。上述条目,每缺失一条扣 2 分。

7.3 实验室的工作要求

进入实验室之前,小组成员应熟悉本次实验所用设备及操作流程。完成实验后,请联系实验室老师对清理后的工作环境进行检查,待老师检查完毕后方可离开。亦可在实验完成后,对清理完的工作环境拍照,发送给相关老师进行检查。

7.4 实验时间和试件编号

实验时间为周一至周五。除非有特别的理由,否则禁止周末试验。每个组的试件,按照小组顺序依次以字母加数字进行编号,如第一组为 A1,…,A12,第二组为 B1,…,B23 等。

7.5 组员个人的实验报告

对于组员个人的实验报告须注意不要在报告中列出详细的实验步骤。

8 参考资料

(1) 中华人民共和国交通部.公路沥青路面施工技术规范:JTG F40—2004[S].北京:人民交通出版社,2005.

(2) 中华人民共和国交通运输部.公路工程沥青及沥青混合料试验规程:JTG E20—2011[S].北京:人民交通出版社,2011.

(3) 中华人民共和国交通部.公路工程集料试验规程:JTG E42—2005[S].北京:人民交通出版社,2005.

(4) 试验教学视频:沥青混合料试件制作方法(击实法).

(5) 试验教学视频:沥青混合料试件制作方法(轮碾法).

实验数据记录

开始时间：

结束时间：

地　　点：

室温/水温：　　　　℃

周 组 长：

其余参加人员：

开始时间：

结束时间：

地　　点：

室温/水温：　　　　℃

周 组 长：

其余参加人员：

开始时间：　　　　　　　　　　　　结束时间：

地　　点：　　　　　　　　　　　　室温/水温：　　　℃

周 组 长：　　　　　　　　　　　　其余参加人员：

开始时间：

结束时间：

地　　点：

室温/水温：　　　　℃

周 组 长：

其余参加人员：

开始时间：　　　　　　　　　　　　　　结束时间：

地　　点：　　　　　　　　　　　　　　室温/水温：　　　　℃

周 组 长：　　　　　　　　　　　　　　其余参加人员：

开始时间：　　　　　　　　　　　　结束时间：

地　　点：　　　　　　　　　　　　室温/水温：　　　　℃

周 组 长：　　　　　　　　　　　　其余参加人员：

开始时间：　　　　结束时间：

地　　点：　　　　室温/水温：　　　℃

周 组 长：　　　　其余参加人员：

开始时间：　　　　　　　　　　　　结束时间：

地　　点：　　　　　　　　　　　　室温/水温：　　　　℃

周 组 长：　　　　　　　　　　　　其余参加人员：

开始时间：　　　　　　　　　　　　　　　结束时间：

地　　点：　　　　　　　　　　　　　　　室温/水温：　　　℃

周 组 长：　　　　　　　　　　　　　　　其余参加人员：

开始时间：　　　　　　　　　　　　　　结束时间：

地　　点：　　　　　　　　　　　　　　室温/水温：　　　　℃

周 组 长：　　　　　　　　　　　　　　其余参加人员：

开始时间：　　　　　　　　　　　　结束时间：

地　　点：　　　　　　　　　　　　室温/水温：　　　℃

周 组 长：　　　　　　　　　　　　其余参加人员：

开始时间：

结束时间：

地　　点：

室温/水温：　　　℃

周 组 长：

其余参加人员：

开始时间：　　　　　　　　　　　　　　结束时间：

地　　点：　　　　　　　　　　　　　　室温/水温：　　　　℃

周 组 长：　　　　　　　　　　　　　　其余参加人员：

开始时间：　　　　　　　　　　　　　结束时间：

地　　点：　　　　　　　　　　　　　室温/水温：　　　　℃

周 组 长：　　　　　　　　　　　　　其余参加人员：

开始时间：　　　　　　　　　　　　　结束时间：

地　　点：　　　　　　　　　　　　　室温/水温：　　　　℃

周 组 长：　　　　　　　　　　　　　其余参加人员：

开始时间：　　　　结束时间：

地　　点：　　　　室温/水温：　　　℃

周 组 长：　　　　其余参加人员：

开始时间：　　　　　　　　　　　　结束时间：

地　　点：　　　　　　　　　　　　室温/水温：　　　　℃

周 组 长：　　　　　　　　　　　　其余参加人员：

开始时间：　　　　　　　　　　　　　结束时间：

地　　点：　　　　　　　　　　　　　室温/水温：　　　　℃

周 组 长：　　　　　　　　　　　　　其余参加人员：

开始时间：　　　　结束时间：

地　　点：　　　　室温/水温：　　　℃

周 组 长：　　　　其余参加人员：

开始时间：　　　　　　　　　　　　　　　　结束时间：

地　　点：　　　　　　　　　　　　　　　　室温/水温：　　　　℃

周 组 长：　　　　　　　　　　　　　　　　其余参加人员：

开始时间：　　　　　　　　　　　　结束时间：

地　　点：　　　　　　　　　　　　室温/水温：　　　　℃

周 组 长：　　　　　　　　　　　　其余参加人员：

开始时间：

结束时间：

地　　点：

室温/水温：　　　　℃

周 组 长：

其余参加人员：

开始时间：　　　　　　　　　　　　　　　　　　结束时间：

地　　点：　　　　　　　　　　　　　　　　　　室温/水温：　　　　℃

周 组 长：　　　　　　　　　　　　　　　　　　其余参加人员：

开始时间：

结束时间：

地　　点：

室温/水温：　　　　℃

周 组 长：

其余参加人员：

开始时间：　　　　　　　　　　　　　结束时间：

地　　点：　　　　　　　　　　　　　室温/水温：　　　　℃

周 组 长：　　　　　　　　　　　　　其余参加人员：

开始时间：

结束时间：

地　　点：

室温/水温：　　　℃

周 组 长：

其余参加人员：

开始时间：

结束时间：

地　　点：

室温/水温：　　　℃

周 组 长：

其余参加人员：

开始时间：

结束时间：

地　　点：

室温/水温：　　　　℃

周 组 长：

其余参加人员：

开始时间：　　　　　　　　　　　　结束时间：

地　　点：　　　　　　　　　　　　室温/水温：　　　　℃

周 组 长：　　　　　　　　　　　　其余参加人员：

开始时间：　　　　　　　　结束时间：

地　　点：　　　　　　　　室温/水温：　　　　℃

周 组 长：　　　　　　　　其余参加人员：

开始时间：　　　　　　　　　　结束时间：

地　　点：　　　　　　　　　　室温/水温：　　　　℃

周 组 长：　　　　　　　　　　其余参加人员：

开始时间：

结束时间：

地　　点：

室温/水温：　　　℃

周 组 长：

其余参加人员：

开始时间：　　　　　　　　　　　　　　结束时间：

地　　点：　　　　　　　　　　　　　　室温/水温：　　　　℃

周 组 长：　　　　　　　　　　　　　　其余参加人员：

开始时间：　　　　　　　　　　结束时间：

地　　点：　　　　　　　　　　室温/水温：　　　　℃

周 组 长：　　　　　　　　　　其余参加人员：

开始时间：

结束时间：

地　　点：

室温/水温：　　　　℃

周 组 长：

其余参加人员：

开始时间：	结束时间：
地　　点：	室温/水温：　　　　℃
周 组 长：	其余参加人员：

开始时间：

结束时间：

地　　点：

室温/水温：　　　　℃

周 组 长：

其余参加人员：

开始时间：　　　　　　　　　　　　　　结束时间：

地　　点：　　　　　　　　　　　　　　室温/水温：　　　℃

周 组 长：　　　　　　　　　　　　　　其余参加人员：

开始时间：　　　　　　　　　　　　　　结束时间：

地　　点：　　　　　　　　　　　　　　室温/水温：　　　℃

周 组 长：　　　　　　　　　　　　　　其余参加人员：

开始时间：

结束时间：

地　　点：

室温/水温：　　　℃

周 组 长：

其余参加人员：

开始时间： 结束时间：

地　　点： 室温/水温：　　　　℃

周 组 长： 其余参加人员：

开始时间：　　　　　　　　　　结束时间：

地　　点：　　　　　　　　　　室温/水温：　　　℃

周 组 长：　　　　　　　　　　其余参加人员：

开始时间：　　　　　　　　　　　　　　　结束时间：

地　　点：　　　　　　　　　　　　　　　室温/水温：　　　　℃

周 组 长：　　　　　　　　　　　　　　　其余参加人员：

开始时间：　　　　　　　　　　　　结束时间：

地　　点：　　　　　　　　　　　　室温/水温：　　　　℃

周 组 长：　　　　　　　　　　　　其余参加人员：

开始时间：　　　　　　　　　　　　结束时间：

地　　点：　　　　　　　　　　　　室温/水温：　　　　℃

周 组 长：　　　　　　　　　　　　其余参加人员：

开始时间：　　　　　　　　　　结束时间：

地　　点：　　　　　　　　　　室温/水温：　　　℃

周 组 长：　　　　　　　　　　其余参加人员：

开始时间：　　　　　　　　　　　结束时间：

地　　点：　　　　　　　　　　　室温/水温：　　　℃

周 组 长：　　　　　　　　　　　其余参加人员：

开始时间：　　　　　　　　　　　　　　结束时间：

地　　点：　　　　　　　　　　　　　　室温/水温：　　　　℃

周 组 长：　　　　　　　　　　　　　　其余参加人员：

开始时间：　　　　　　　　　　结束时间：

地　　点：　　　　　　　　　　室温/水温：　　　　℃

周 组 长：　　　　　　　　　　其余参加人员：

开始时间：　　　　　　　　　　　　　　结束时间：

地　　点：　　　　　　　　　　　　　　室温/水温：　　　　℃

周 组 长：　　　　　　　　　　　　　　其余参加人员：

开始时间：

结束时间：

地　　点：

室温/水温：　　　　℃

周 组 长：

其余参加人员：

开始时间：　　　　结束时间：

地　　点：　　　　室温/水温：　　　　℃

周 组 长：　　　　其余参加人员：

开始时间：　　　　　　　　　　　　　结束时间：

地　　点：　　　　　　　　　　　　　室温/水温：　　　　℃

周 组 长：　　　　　　　　　　　　　其余参加人员：

开始时间：

结束时间：

地　　点：

室温/水温：　　　　℃

周 组 长：

其余参加人员：

开始时间：　　　　　　　　　　　　结束时间：

地　　点：　　　　　　　　　　　　室温/水温：　　　℃

周 组 长：　　　　　　　　　　　　其余参加人员：

开始时间：

结束时间：

地　　点：

室温/水温：　　　　℃

周 组 长：

其余参加人员：

开始时间：　　　　　　　　结束时间：

地　　点：　　　　　　　　室温/水温：　　　℃

周 组 长：　　　　　　　　其余参加人员：

开始时间：

结束时间：

地　　点：

室温/水温：　　　　℃

周 组 长：

其余参加人员：